MW00509175

Impressum
Verlag: BABADADA GmbH, Nedderfeld 112 , 22529 Hamburg
Geschäftsführer / Verlagsleitung: Harald Hof
Druck: Books on Demand GmbH, In de Tarpen 42, 22848 Norderstedt

Imprint
Publisher: BABADADA GmbH, Nedderfeld 112 , 22529 Hamburg, Germany
Managing Director / Publishing direction: Harald Hof
Print: Books on Demand GmbH, In de Tarpen 42, 22848 Norderstedt, Germany

school

مدرسه

klaslokaal
کلاس درس
delen
تقسیم کردن
186/2
bord
تخته
leraar
معلم
schoolplein
papier
کاغذ
schrijven
نوشتن
pen
خودکار
bureau
میز تحریر
lineaal
خط کش
boek
کتاب
leerling
انش آموز

schooltas

کیف مدرسه

etui

جامدادی

potlood

مداد

puntenslijper

تراش

gum

پاک کن

beeldwoordenboek

لغت نامه ی تصویری

2 school - مدرسه

schetsblok

دفتر رسم

tekening

طراحی

penseel

قلم مو

verfdoos

جعبه ی آبرنگ

schaar

قیچی

lijm

چسب

schrift

کتاب تمرین

huiswerk

تکلیف خانه

getal

رقم

optellen

جمع کردن

aftrekken

تفریق کردن

vermenigvuldigen

ضرب کردن

rekenen

محاسبه کردن

letter

حرف الفبا

alfabet

الفبا

woord

كلمه

tekst

متن

lezen

خواندن

krijt

گچ

les

درس

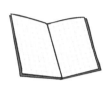

klassenboek

ثبت نام

examen

امتحان

diploma

مدرک رسمی

schooluniform

لباس مدرسه

opleiding

تحصیلات

encyclopedie

دانشنامه

universiteit

دانشگاه

microscoop

میکروسکوپ

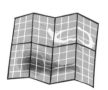

kaart

نقشه

prullenmand

سبد کاغذ باطله

hotel
هتل
hostel
مسافرخانه
wisselkantoor
صرافی
koffer
چمدان
auto
اتومبیل

taal
زبان

ja / nee
بله / خیر

oké
اکی

Hallo!
سلام

tolk
مترجم

Bedankt.
ممنون

Wat kost ...?

....

قیمت ... چه قدر است؟

Ik begrijp het niet.

....

من متوجه نمی شوم

probleem

....

مشکل

Goedenavond!

....

عصر بخیر! / شب بخیر!

Goedemorgen!

....

صبح بخیر!

Goedenacht!

....

شب بخیر!

Tot ziens!

....

خدانگهدار

richting

....

جهت

bagage

....

بار سفر

tas

....

کیف

rugzak

....

کوله پشتی

gast

....

مهمان

kamer

....

اتاق

slaapzak

....

کیسه خواب

tent

....

خیمه

VVV-kantoor

مرکز راهنمای گردشگران

strand

ساحل

creditkaart

کارت اعتباری

ontbijt

صبحانه

lunch

نهار

diner

شام

kaartje

بلیط

lift

آسانسور

postzegel

مهر

grens

مرز

douane

گمرک

ambassade

سفارتخانه

visum

ویزا

paspoort

گذرنامه

transport

حمل و نقل

vliegtuig
هواپیما
schip
کشتی
brandweerwagen
ماشین آتش نشانی
bus
اتوبوس
vrachtauto
کامیون
motorboot
قایق موتوری
fiets
دوچرخه
auto
اتومبیل

veerboot

کشتی مسافربری

boot

قایق

motorfiets

موتورسیکلت

politiewagen

ماشین پلیس

raceauto

ماشین مسابقه

huurauto

ماشین کرایه ای

carsharing

به اشتراک گذاری اتوموبیل

takelwagen

جرثقیل

vuilniswagen

ماشین حمل زباله

motor

موتور

benzine

بنزین

benzinepomp

پمپ بنزین

verkeersbord

تابلو راهنمایی و رانندگی

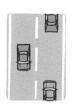

verkeer

عبور و مرور

file

ترافیک

parkeerplaats

پارکینگ

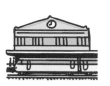

station

ایستگاه قطار

rails

ریل راه آهن

trein

قطار

tram

قطار برقی

wagon

واگن

helikopter

هلیکوپتر

luchthaven

فرودگاه

toren

برج

passagier

مسافر

container

کانتینر

verhuisdoos

کارتن

kar

گاری

mand

سبد

opstijgen / landen

به پرواز درآمدن / فرود آمدن

stad

شهر

dorp

دهکده

stadscentrum

مرکز شهر

huis

خانه

bioscoop
سینما

reclame
تبلیغ

straatlantaarn
چراغ خیابان

straat
خیابان

taxi
تاکسی

kiosk
دکه

voetganger
عابر پیاده

trottoir
پیاده رو

stoplicht
چراغ راهنما

kruispunt
چهارراه

zebrapad
خط کشی عابر پیاده

vuilnisbak
سطل آشغال بزرگ

hut
كلبه

appartement
آپارتمان

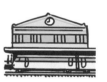

station
ایستگاه قطار

stadhuis
ساختمان شهرداری

museum
موزه

school
مدرسه

universiteit

دانشگاه

bank

بانک

ziekenhuis

بیمارستان

hotel

هتل

apotheek

داروخانه

kantoor

اداره

boekenwinkel

کتابفروشی

winkel

مغازه

bloemenwinkel

گل فروشی

supermarkt

سوپرمارکت

markt

بازار

warenhuis

فروشگاه بزرگ

visboer

ماهی فروش

winkelcentrum

مرکز خرید

haven

بندر

park

پارک

bank

نیمکت

brug

پل

trap

پله

metro

مترو

tunnel

تونل

bushalte

ایستگاه اتوبوس

bar

میخانه

restaurant

رستوران

brievenbus

صندوق پست

straatnaambord

تابلوی خیابان

parkeermeter

دستگاه پارکومتر

dierentuin

باغ وحش

zwembad

استخر شنای عمومی

moskee

مسجد

boerderij

مزرعه

vervuiling

آلودگی محیط زیست

begraafplaats

قبرستان

kerk

کلیسا

speelplaats

زمین بازی

tempel

معبد

landschap

چشم انداز

blad
برگ
wegwijzer
تابلوی راهنمای مسیر
weg
راه
weide
چمنزار
steen
سنگ
boom
درخت
wandelaar
راه نورد
rivier
رودخانه
gras
چمن
bloem
گل

vallei

دره

berg

تپه

meer

دریاچه

bos

جنگل

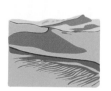

woestijn

بیابان

vulkaan

کوه اتشفشان

kasteel

قلعه

regenboog

رنگین کمان

paddenstoel

قارچ

palmboom

درخت نخل

mug

پشه

vlieg

مگس

mier

مورچه

bij

زنبور

spin

عنکبوت

kever

سوسک

kikker

قورباغه

eekhoorn

سنجاب

egel

جوجه تیغی

haas

خرگوش صحرایی

uil

جغد

vogel

پرنده

zwaan

قو

wild zwijn

گراز

hert

گوزن نر

eland

گوزن شمالی

stuwdam

سد آب

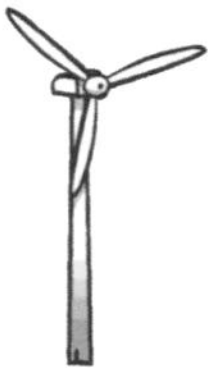

windmolen

توربین بادی

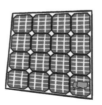

zonnepaneel

صفحه ی خورشیدی

klimaat

آب و هوا

ober
پیشخدمت رستوران ◀

menu
منوی غذا ◀

stoel
صندلی ◀

soep
سوپ

pizza
پیتزا ◀

bestek
سرویس کارد و قاشق و چنگال

tafelkleed
رومیزی

voorgerecht

پیش‌غذا

hoofdgerecht

غذای اصلی

toetje

دسر

dranken

نوشیدنی ها

eten

غذا

fles

بطری

fastfood

فست فود

eetkraampje

اغذیه خیابانی

theepot

قوری

suikerpot

قندان

portie

پُرس غذا

espressomachine

دستگاه اسپرسو

kinderstoel

صندلی پایه بلند غذاخوری بچه

rekening

صورتحساب

dienblad

سینی

mes

چاقو

vork

چنگال

lepel

قاشق

theelepel

قاشق چایخوری

servet

دستمال سفره

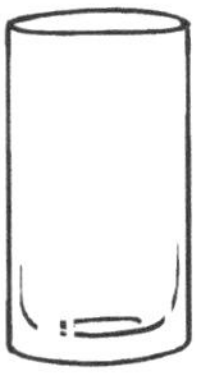

glas

لیوان

bord

بشقاب

soepbord

بشقاب سوپخوری

schotel

نعلبکی

saus

سس

zoutvaatje

نمکدان

pepermolen

فلفل ساب

azijn

سرکه

olie

روغن خوراکی

kruiden

ادویه جات

ketchup

سس کچاپ

mosterd

سس خردل

mayonaise

سس مایونز

supermarkt
سوپرمارکت

aanbieding
پیشنهاد ویژه
klant
مشتری
zuivelproducten
لبنیات
fruit
میوه جات
winkelwagen
چرخ دستی خرید

slager

قصابی

bakkerij

نانوایی

wegen

وزن کردن

groente

سبزیجات

vlees

گوشت

diepvriesproducten

غذای منجمد

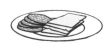

vleeswaren

مخلوطی از انواع کالباس یا پنیر که ورقه ای بریده شده باشند

conserven

غذای کنسروی

wasmiddel

پودر لباسشویی

snoepgoed

شیرینی جات

huishoudelijke artikelen

لوازم خانگی

schoonmaakmiddel

ماده شوینده و پاک کننده

verkoopster

فروشنده

kassa

صندوق پرداخت

kassier

صندوقدار

boodschappenlijstje

لیست خرید

openingstijden

ساعات کار

portefeuille

کیف پول

creditkaart

کارت اعتباری

tas

کیف

plastic zak

کیسه ی پلاستیکی

dranken

نوشیدنی ها

water

آب

sap

آبمیوه

melk

شیر

cola

نوشابه کوکاکولا

wijn

شراب

bier

آبجو

alcohol

الکل

chocolademelk

کاکائو

thee

چای

koffie

قهوه

espresso

قهوه اسپرسو

cappuccino

کاپوچینو

banaan

موز

appel

سیب

sinaasappel

پرتقال

watermeloen

انواع هندوانه و خربزه

citroen

لیمو

wortel

هویج

knoflook

سیر

bamboe

نی بامبو

ui

پیاز

paddenstoel

قارچ

noten

آجیل

pasta

ماکارونی

spaghetti

اسپاگتی

rijst

برنج

salade

سالاد

friet

سیب زمینی سرخ کرده

gebakken aardappelen

سیب زمینی سرخ شده

pizza

پیتزا

hamburger

همبرگر

sandwich

ساندویچ

schnitzel

شنیتسل

ham

ژامبون خوک

salami

سالامی

worst

سوسیس

kip

مرغ

gebraad

نوعی گوشت سرخ شده

vis

ماهی

havermout

جوی پرک شده

muesli

نوعی صبحانه مخلوطی از برگه ذرت و
میوه های خشک شده و خشکبار که
معمولا با شیر خورده می شود

cornflakes

کورن‌فلکس

meel

آرد

croissant

کرواسان

broodjes

نان بروتشن

brood

نان

toast

نان تست

koekjes

بیسکویت

boter

کره

kwark

کشک

taart

کیک

ei

تخم مرغ

gebakken ei

تخم مرغ نیمرو

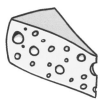

kaas

پنیر

ijs

بستنی

suiker

شکر

honing

عسل

jam

مربا

chocoladepasta

کرم شکلاتی بادامی

kerrie

ادویه کاری

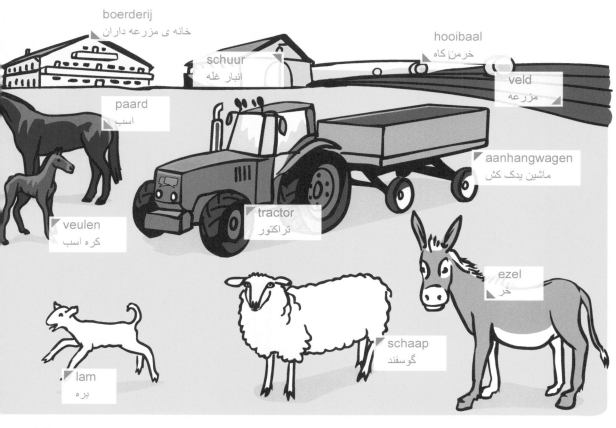

boerderij
خانه ی مزرعه داران

hooibaal
خرمن‌گاه

schuur
انبار غله

veld
مزرعه

paard
اسب

aanhangwagen
ماشین یدک کش

veulen
کره اسب

tractor
تراکتور

ezel
خر

lam
بره

schaap
گوسفند

geit

بز

koe

گاو ماده

kalf

گوساله

varken

خوک

big

بچه خوک

stier

گاو نر

gans

غاز

eend

اردک

kuiken

جوجه

kip

مرغ

haan

خروس

rat

موش صحرایی

kat

گربه

muis

موش

os

گاو نر اخته

hond

سگ

hondenhok

لانه ی سگ

tuinslang

شلنگ باغبانی

gieter

آبپاش

zeis

داس دسته بلند

ploeg

گاوآهن

sikkel

داس

schoffel

کج بیل

hooivork

چنگک باغبانی

bijl

تبر

kruiwagen

فرقون

trog

آبشخور

melkbus

بطری نگهداری شیر

zak

کیسه

hek

حصار

stal

اصطبل

broeikas

گلخانه

grond

خاک

zaad

بذر

mest

کود

maaidorser

ماشین کمباین

oogsten

برداشت کردن محصول

oogst

محصول

yam

تمیس

tarwe

گندم

soja

سویا

aardappel

سیب زمینی

maïs

ذرت

koolzaad

کلزا

fruitboom

درخت میوه

maniok

گیاه مانیوک

granen

غلات

boerderij - مزرعه

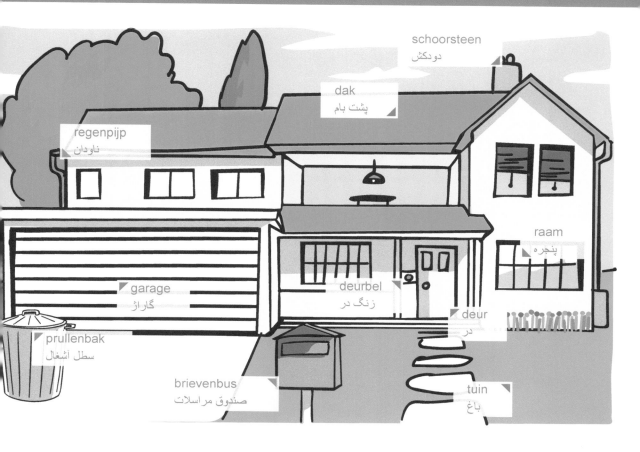

schoorsteen
دودکش

dak
پشت بام

regenpijp
ناودان

raam
پنجره

garage
گاراژ

deurbel
زنگ در

deur
در

prullenbak
سطل آشغال

brievenbus
صندوق مراسلات

tuin
باغ

woonkamer

اتاق نشیمن

badkamer

حمام

keuken

آشپزخانه

slaapkamer

اتاق خواب

kinderkamer

اتاق بچه

eetkamer

ناهارخوری

vloer

كف زمين

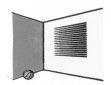

muur

ديوار

plafond

سقف

kelder

زيرزمين

sauna

سونا

balkon

بالكن

terras

تراس

zwembad

استخر

grasmaaier

ماشين چمنزنى

laken

ملافه

bedsprei

روتختى

bed

تخت خواب

bezem

جارو

emmer

سطل

schakelaar

سويچ يا كليد

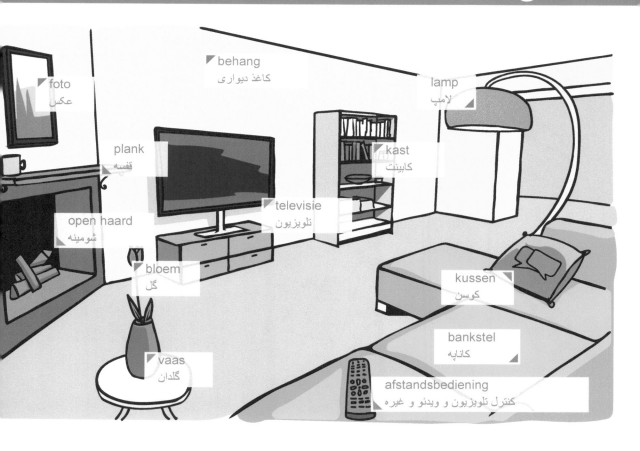

woonkamer

اتاق نشیمن

foto
عکس
behang
کاغذ دیواری
lamp
لامپ
plank
قفسه
kast
کابینت
televisie
تلویزیون
open haard
شومینه
bloem
گل
kussen
کوسن
bankstel
کاناپه
vaas
گلدان
afstandsbediening
کنترل تلویزیون و ویدئو و غیره

tapijt

فرش

gordijn

پرده

tafel

میز

stoel

صندلی

schommelstoel

صندلی گهواره ایی

stoel

صندلی راحتی

boek

كتاب

deken

لحاف

decoratie

دکوراسیون

brandhout

هیزم

film

فیلم

stereo-installatie

دستگاه ضبط صوت

sleutel

کلید

krant

روزنامه

schilderij

تابلو نقاشی

poster

پوستر

radio

رادیو

kladblok

دفترچه یادداشت

stofzuiger

جاروبرقی

cactus

کاکتوس

kaars

شمع

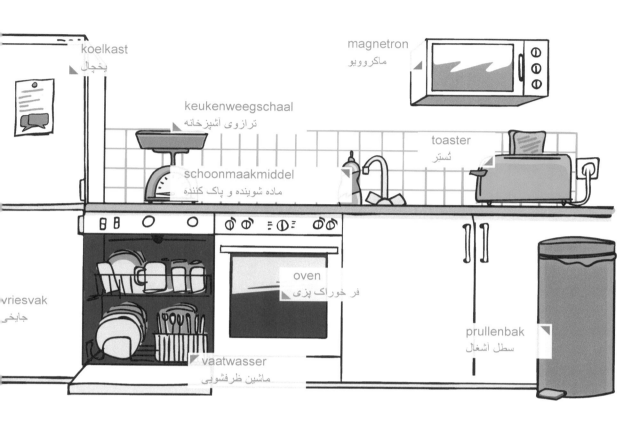

keuken
آشپزخانه

koelkast
یخچال
magnetron
ماکروویو
keukenweegschaal
toaster
تُستِر
schoonmaakmiddel
ماده شوینده و پاک کننده
oven
فر خوراک پزی
vriesvak
جایخی
prullenbak
سطل آشغال
vaatwasser
ماشین ظرفشویی

fornuis
اجاق گاز

pan
قابلمه

gietijzeren pan
قابلمه چدنی

wok / kadai
ماهی تابه گود

koekenpan
ماهی تابه

ketel
کتری

stoomkoker

بخارپز

bakplaat

سینی فر

servies

ظرف چینی آشپزخانه

beker

لیوان

kom

کاسه

eetstokjes

چاپستیک

soeplepel

ملاقه

spatel

کفگیر

garde

همزن

vergiet

آبکش

zeef

آبکش

rasp

رنده

vijzel

هاون

barbecue

باربیکیو

vuurhaard

محل مخصوص افروختن آتش

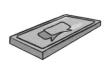

snijplank

تخته گوشت و سبزی

deegroller

وردنه

kurkentrekker

در بطری بازکن

blik

قوطی

blikopener

در قوطی بازکن

pannenlap

دستگیره پارچه ای

wasbak

سینک ظرفشویی

borstel

برس گردگیری

spons

اسفنج

blender

مخلوط کن

vriezer

فریزر

babyflesje

شیشه شیر بچه

kraan

شیر آب

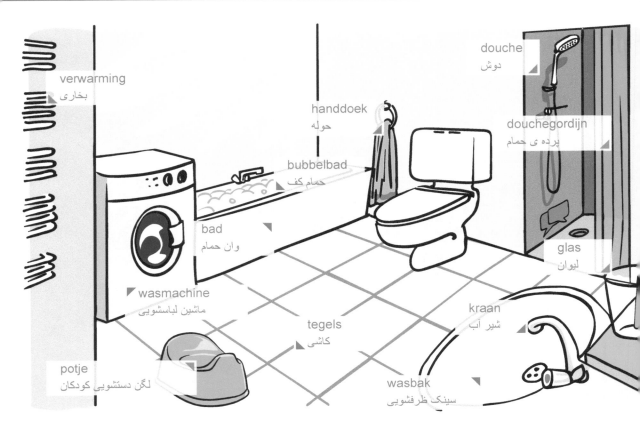

badkamer

حمام

verwarming
بخاری
handdoek
حوله
douche
دوش
douchegordijn
پرده ی حمام
bubbelbad
حمام کف
bad
وان حمام
glas
لیوان
wasmachine
ماشین لباسشویی
tegels
کاشی
kraan
شیر آب
potje
لگن دستشویی کودکان
wasbak
سینک ظرفشویی

toilet

توالت

hurktoilet

توالت ایرانی

bidet

کاسه توالت

urinoir

توالت مخصوص آقایان

toiletpapier

دستمال توالت

toiletborstel

فرچه توالت

tandenborstel

مسواک

tandpasta

خمیردندان

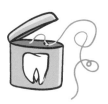

flosdraad

نخ دندان

wassen

شستن

handdouche

دوش آب تلفنی

toiletdouche

شلنگ توالت

waskom

لگن روشویی

rugborstel

برس شست و شوی پشت

zeep

صابون

douchegel

شامپو بدن

shampoo

شامپو

washanje

لیف حمام

afvoer

راه آب

creme

کرم

deodorant

اسپری دئودورانت

spiegel

آیینه

make-upspiegel

آیینه ی کوچک دستی

scheermes

تیغ ریش تراشی

scheerschuim

کف ریش تراشی

aftershave

افترشیو

kam

شانه ی سر

borstel

برس

haardroger

سشوار

haarspray

اسپری مو

make-up

آرایش

lippenstift

رژلب

nagellak

لاک ناخن

watten

پنبه

nagelschaartje

قیچی ناخن

parfum

عطر

toilettas

کیف لوازم آرایشی و بهداشتی

kruk

چهارپایه

weegschaal

ترازو

badjas

حوله ی پالتویی

rubber handschoenen

دستکش ظرفشویی

tampon

تامپون

maandverband

نوار بهداشتی

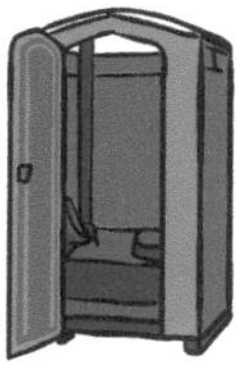

chemisch toilet

توالت سیار

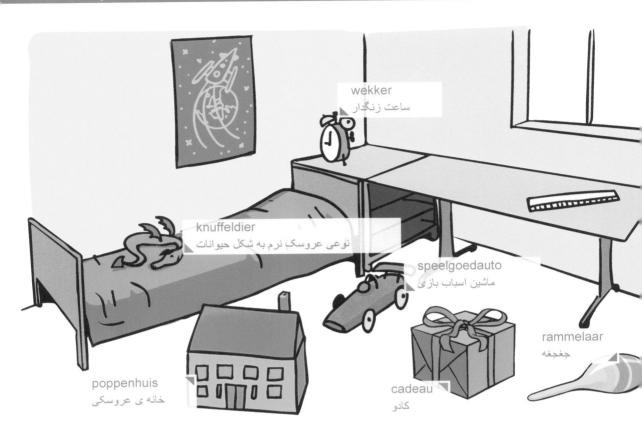

kinderkamer

اتاق بچه

wekker
ساعت زنگدار
knuffeldier
نوعی عروسک نرم به شکل حیوانات
speelgoedauto
ماشین اسباب بازی
rammelaar
جغجغه
poppenhuis
خانه ی عروسکی
cadeau
کادو

ballon

بادکنک

bed

تخت خواب

kinderwagen

کالسکه بچه

kaartspel

بازی ورق

puzzel

پازل

stripverhaal

داستان مصور

legostenen

اسباب بازی لگو

speelgoedblokken

خانه سازی

actiefiguurtje

عروسک شخصیت های فیلم و کارتون

romper

لباس نوزاد

frisbee

فریزبی

mobile

نوعی اسباب بازی که روی تخت نوزاد
یا کودک نصب می شود

bordspel

بازی روی صفحه

dobbelsteen

تاس

modeltrein

قطار اسباب بازی

speen

پستانک

feestje

مهمانی

prentenboek

کتاب مصور

bal

توپ

pop

عروسک

spelen

بازی کردن

zandbak

جعبه شنی مخصوص بازی کودکان

schommel

تاب

speelgoed

اسباب بازی

spelcomputer

کنسول بازی های کامپیوتری

driewieler

سه چرخه

teddybeer

خرس عروسکی

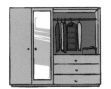

kleerkast

کمد لباس

kleding

لباس

sokken

جوراب

kousen

جوراب زنانه ساق بلند

panty

جوراب شلواری

sjaal
شال

riem
کمربند

paraplu
چتر

T-shirt
تی شرت

laarzen
پوتین

pantoffels
دمپایی

sportschoenen
کفش ورزشی کتانی

sandalen
....
صندل

schoenen
....
کفش

rubberlaarzen
....
چکمه پلاستیکی

onderbroek
....
شُرت

beha
....
سوتین

onderhemd
....
جلیقه

kleding - لباس 45

body

بادی

broek

شلوار

spijkerbroek

جین

rok

دامن

blouse

بلوز

overhemd

پیراهن

trui

پولیور

hoody

سویی شرت

blazer

نوعی کت

jas

ژاکت

mantel

کت بلند

regenjas

بارانی

kostuum

لباس نمایش

jurk

لباس

trouwjurk

لباس عروس

pak

كت و شلوار

nachthemd

لباس خواب زنانه

pyjama

پیژامه

sari

ساری

hoofddoek

روسری

tulband

عمامه

boerka

برقع

kaftan

قبا

abaja

عبا

zwempak

لباس شنا

zwembroek

شرت شنا

korte broek

شلوارک

trainingspak

لباس ورزشی

schort

پیشبند

handschoenen

دستکش

knoop

دکمه

bril

عینک

armband

دستبند

ketting

گردنبند

ring

انگشتر

oorbel

گوشواره

pet

کلاه لبه دار

kledinghanger

چوب لباسی

hoed

کلاه

stropdas

کراوات

rits

زیپ

helm

کلاه ایمنی

bretels

بند شلوار

schooluniform

لباس مدرسه

uniform

لباس فرم

slabbetje

پیش بند بچه

speen

پستانک

luier

پوشک بچه

kantoor

اداره

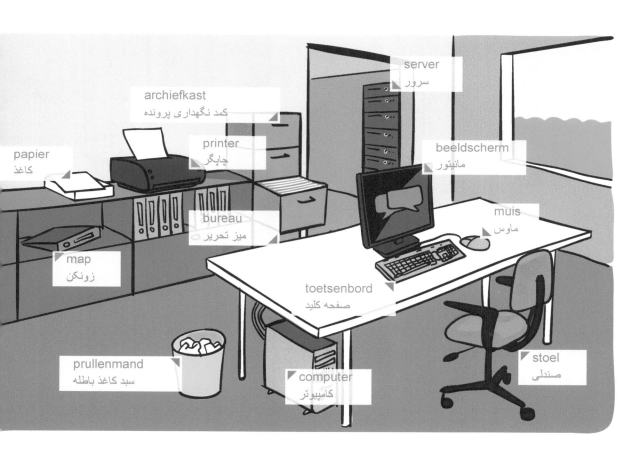

server
سرور

archiefkast
کمد نگهداری پرونده

printer
چاپگر

beeldscherm
مانیتور

papier
کاغذ

bureau
میز تحریر

muis
ماوس

map
زونکن

toetsenbord
صفحه کلید

prullenmand
سبد کاغذ باطله

stoel
صندلی

computer
کامپیوتر

koffiemok

لیوان قهوه

rekenmachine

ماشین حساب

internet

اینترنت

laptop

لپ تاپ

brief

نامه

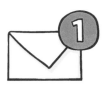

bericht

پیغام

mobiele telefoon

تلفن همراه

netwerk

شبکه ی ارتباطی

kopieermachine

دستگاه فتوکپی

software

نرم افزار

telefoon

تلفن

stopcontact

پریز

fax

دستگاه فاکس

formulier

فرم

document

مدرک

kopen

خریدن

betalen

پرداخت کردن

handel drijven

تجارت کردن

geld

پول

dollar

دلار

euro

یورو

yen

ین

roebel

روبل

Zwitserse frank

فرانک سوئیس

renminbi yuan

یوان رنمینبی

roepie

روپیه

geldautomaat

دستگاه خودپرداز

wisselkantoor

صرافی

goud

طلا

zilver

نقره

olie

نفت

energie

انرژی

prijs

قیمت

contract

قرارداد

belasting

مالیات

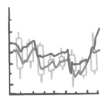

aandeel

سهام سرمایه

werken

کار کردن

werknemer

کارمند

werkgever

کارفرما

fabriek

کارخانه

winkel

مغازه

economie - اقتصاد

beroepen
مشاغل

politieagent
مامور پلیس
brandweerman
آتش نشان
kok
آشپز
dokter
دکتر
piloot
خلبان

tuinman
....
باغبان

timmerman
....
نجار

naaister
....
خیاط زنانه

rechter
....
قاضی

scheikundige
....
شیمیدان

toneelspeler
....
بازیگر

buschauffeur

راننده اتوبوس

taxichauffeur

راننده تاکسی

visser

ماهیگیر

schoonmaakster

نظافتچی زن

dakdekker

سقف ساز

ober

پیشخدمت رستوران

jager

شکارچی

schilder

نقاش

bakker

نانوا

elektricien

برقکار

bouwvakker

کارگر ساختمانی

ingenieur

مهندس

slager

قصاب

loodgieter

لوله کش

postbode

پستچی

soldaat

سرباز

architect

معمار

kassier

صندوقدار

bloemist

گل فروش

kapper

آرایشگر

conducteur

مامور کنترل بلیط در قطار

monteur

مکانیک

kapitein

ناخدا

tandarts

دندانپزشک

wetenschapper

دانشمند

rabbi

عالم یهودی

imam

امام

monnik

راهب

pastoor

کشیش

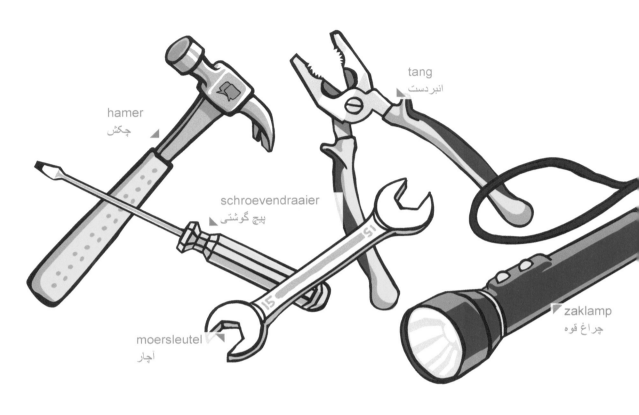

gereedschap
ابزارآلات

tang
انبردست
hamer
چکش
schroevendraaier
پیچ گوشتی
zaklamp
چراغ قوه
moersleutel
آچار

graafmachine

بیل مکانیکی

gereedschapskist

جعبه ابزار

ladder

نردبان

zaag

ارّه

spijkers

میخ

boor

مته

repareren

تعمیر کردن

schep

بیل

Verdorie!

لعنتی!

stofblik

خاک انداز

verfpot

سطل رنگرزی

schroeven

پیچ

muziekinstrumenten

آلات موسیقی

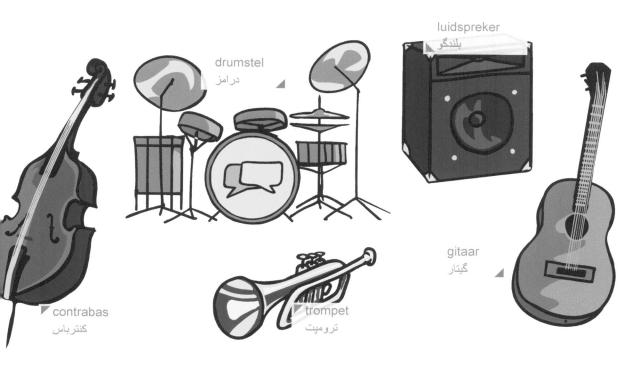

luidspreker
بلندگو

drumstel
درامز

gitaar
گیتار

contrabas
کنترباس

trompet
ترومپت

piano

پیانو

viool

ویولن

bas

گیتار بیس

pauk

تیمپانی

trommel

طبل

keyboard

کیبورد الکتریک

saxofoon

ساکسیفون

fluit

فلوت

microfoon

میکروفون

dierentuin
باغ وحش

ingang
ورودی
tijger
ببر
kooi
قفس
zebra
گورخر
dierenvoer
خوراک حیوانات
panda
خرس پاندا

dieren

حیوانات

olifant

فیل

kangoeroe

کانگورو

neushoorn

کرگدن

gorilla

گوریل

beer

خرس

kameel

شتر

struisvogel

شترمرغ

leeuw

شیر

aap

میمون

flamingo

فلامینگو

papegaai

طوطی

ijsbeer

خرس قطبی

pinguïn

پنگوئن

haai

کوسه

pauw

طاووس

slang

مار

krokodil

تمساح

dierenverzorger

نگهبان باغ وحش

zeehond

خوک آبی

jaguar

پلنگ امریکایی

pony

اسب کوچک

luipaard

پلنگ

nijlpaard

اسب آبی

giraffe

زرافه

adelaar

عقاب

wild zwijn

گراز

vis

ماهی

schildpad

لاک پشت

walrus

شیرماهی

vos

روباه

gazelle

غزال

sport

ورزش ها

American football
فوتبال آمریکایی
wielrennen
دوچرخه سواری
tennis
تنیس
basketbal
بسکتبال
zwemmen
شنا
ijshockey
هاکی روی یخ
boksen
بوکس

voetbal

فوتبال

badminton

بدمینتون

atletiek

دوومیدانی

handbal

هندبال

skiën

اسکی

polo

پولو

activiteiten
فعالیت ها

lachen
خندیدن
springen
پریدن
knuffelen
بغل کردن
lopen
راه رفتن
zingen
آواز خواندن
dromen
رؤیا دیدن
bidden
دعا کردن
kussen
بوسیدن

schrijven
نوشتن

tekenen
رسم کردن

tonen
نشان دادن

duwen
هل دادن

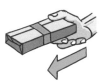

geven
دادن

oppakken
برداشتن

hebben

داشتن

doen

انجام دادن

zijn

بودن

staan

ایستادن

rennen

دویدن

trekken

کشیدن

gooien

پرتاب کردن

vallen

افتادن

liggen

دراز کشیدن

wachten

منتظر بودن

dragen

حمل کردن

zitten

نشستن

aankleden

لباس پوشیدن

slapen

خوابیدن

wakker worden

بیدار شدن

bekijken
....
تماشا کردن

huilen
....
گریه کردن

strelen
....
نوازش کردن

kammen
....
شانه کردن

praten
....
حرف زدن

begrijpen
....
فهمیدن

vragen
....
پرسیدن

horen
....
شنیدن

drinken
....
آشامیدن

eten
....
خوردن

opruimen
....
مرتب کردن

houden van
....
عاشق بودن

koken
....
پختن

rijden
....
رانندگی کردن

vliegen
....
پرواز کردن

zeilen

قایقرانی کردن

rekenen

محاسبه کردن

lezen

خواندن

leren

یاد گرفتن

werken

کار کردن

trouwen

ازدواج کردن

naaien

دوختن

tandenpoetsen

مسواک زدن

doden

کشتن

roken

سیگار کشیدن

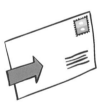

verzenden

فرستادن

activiteiten - فعالیت ها

rootmoeder
مادربزرگ

grootvader
پدربزرگ

vader
پدر

moeder
مادر

baby
کودک

dochter
فرزند دختر

zoon
فرزند پسر

gast

مهمان

tante

خاله، عمه

oom

دایی، عمو

broer

برادر

zus

خواهر

lichaam

بدن

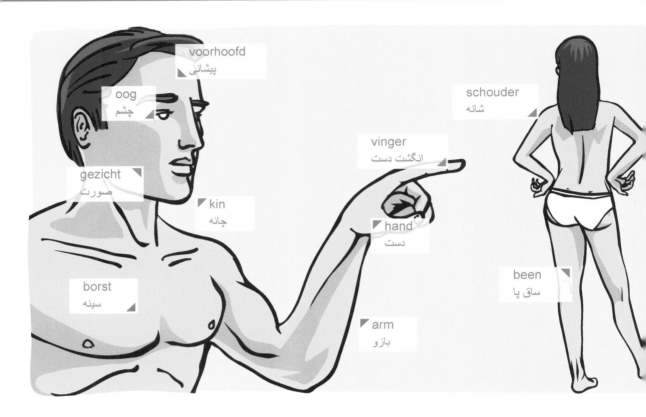

voorhoofd
پیشانی

oog
چشم

gezicht
صورت

kin
چانه

borst
سینه

vinger
انگشت دست

hand
دست

arm
بازو

schouder
شانه

been
ساق پا

baby

کودک

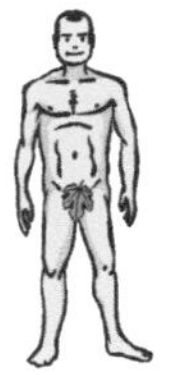

man

مرد

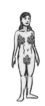

vrouw

زن

meisje

دختربچه

jongen

پسربچه

hoofd

کله

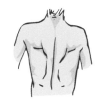

rug

کمر

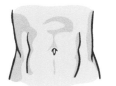

buik

شکم

navel

ناف

teen

انگشت پا

hiel

پاشنه

bot

استخوان

heup

لگن

knie

زانو

elleboog

آرنج

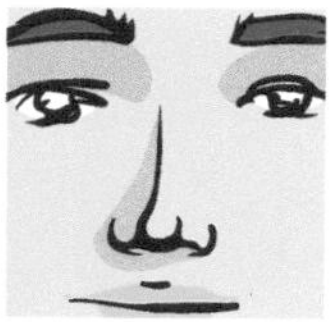

neus

بینی

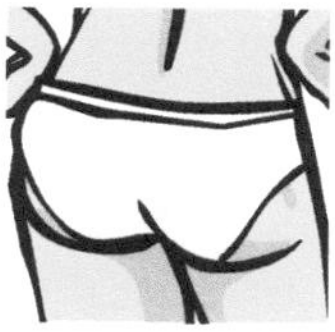

achterwerk

نشیمنگاه

huid

پوست

wang

گونه

oor

گوش

lippen

لب

mond

دهان

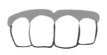

tand

دندان

tong

زبان

hersenen

مغز

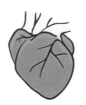

hart

قلب

spier

عضله

long

ریه

lever

کبد

maag

معده

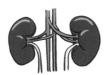

nieren

کلیه

geslachtsgemeenschap

آمیزش جنسی

condoom

کاندوم

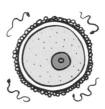

eicel

تخمک

sperma

اسپرم

zwangerschap

حاملگی

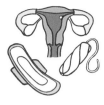

menstruatie

....

پریود

vagina

....

واژن

penis

....

آلت تناسلی مرد

wenkbrauw

....

ابرو

haar

....

مو

hals

....

گردن

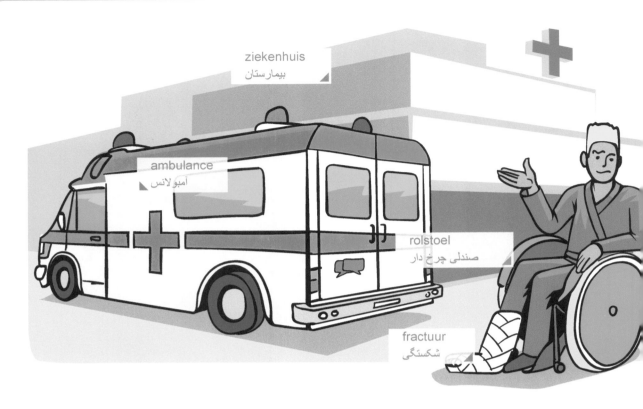

ziekenhuis
بیمارستان

ambulance
آمبولانس

rolstoel
صندلی چرخ دار

fractuur
شکستگی

dokter

دکتر

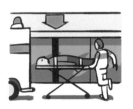

EHBO

بخش اورژانس

verpleegster

پرستار

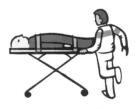

noodgeval

موقعیت اضطراری

bewusteloos

بی هوش

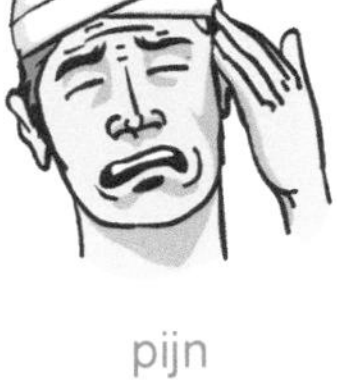

pijn

درد

verwonding
....
مصدومیت

bloeding
....
خونریزی

hartaanval
....
سکته قلبی

beroerte
....
سکته مغزی

allergie
....
آلرژی

hoest
....
سرفه

koorts
....
تب

griep
....
آنفولانزا

diarree
....
اسهال

hoofdpijn
....
سردرد

kanker
....
سرطان

diabetes
....
دیابت

chirurg
....
جراح

scalpel
....
چاقوی جراحی

operatie
....
عمل جراحی

CT

سی تی اسکن

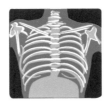

röntgen

پرتونگاری

echografie

سونوگرافی

gezichtsmasker

ماسک صورت

ziekte

بیماری

wachtkamer

اتاق انتظار

kruk

چوب زیر بغل

pleister

چسب زخم

verband

پانسمان

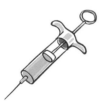

injectie

تزریق

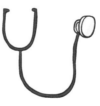

stethoscoop

گوشی طبی

brancard

برانکار

thermometer

دماسنج

geboorte

زایش

overgewicht

اضافه وزن

ziekenhuis - بیمارستان

gehoorapparaat

سمعک

ontsmettingsmiddel

ماده ضد غفونی کننده

infectie

عفونت

virus

ویروس

HIV / AIDS

اچ آی وی / ایدز

medicijn

دارو

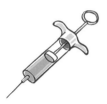

inenting

واکسیناسیون

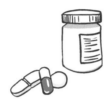

tabletten

قرص

pil

قرص ضد حاملگی

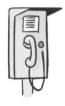

alarmnummer

تماس اظطراری

bloeddrukmeter

دستگاه اندازه گیری فشارخون

ziek / gezond

مریض / سالم

noodgeval
موقعیت اضطراری

Help!

کمک!

alarm

آژیر خطر

overval

حمله

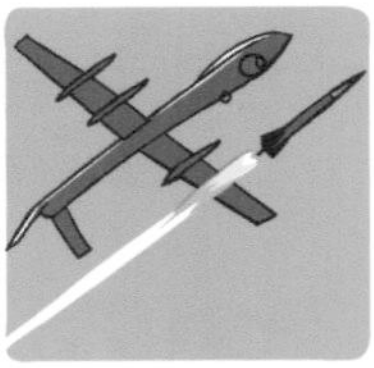

aanval

حمله ی فیزیکی

gevaar

خطر

nooduitgang

خروج اظطراری

Brand!

آتش

brandblusser

کپسول آتش‌نشانی

ongeluk

تصادف

EHBO-koffer

جعبه کمک های اولیه

SOS

درخواست کمک

politie

پلیس

Europa

....

اروپا

Noord-Amerika

....

آمریکای شمالی

Zuid-Amerika

....

آمریکای جنوبی

Afrika

....

آفریقا

Azië

....

آسیا

Australië

....

استرالیا

Atlantische Oceaan

....

اقیا نوس اطلس

Stille Oceaan

....

اقیانوس آرام

Indische Oceaan

....

اقیانوس هند

Zuidelijke Oceaan

....

اقیا نوس اطلس جنوبی

Noordelijke IJszee

....

اقیانوس منجمد شمالی

Noordpool

....

قطب شمال

Zuidpool

قطب جنوب

Antarctica

قاره قطب جنوب

aarde

کره زمین

land

سرزمین

zee

دریا

eiland

جزیره

natie

ملت

staat

کشور

klok
ساعت

wijzerplaat

صفحه ی ساعت

uurwijzer

ساعت شمار

minutenwijzer

دقیقه شمار

secondewijzer

ثانیه شمار

Hoe laat is het?

ساعت چند است؟

dag

روز

tijd

زمان

nu

اکنون

digitaal horloge

ساعت دیجیتال

minuut

دقیقه

uur

ساعت

week

هفته

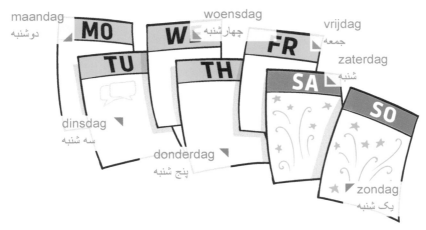

maandag
دوشنبه

woensdag
چهارشنبه

vrijdag
جمعه

zaterdag
شنبه

TU

TH

dinsdag
سه شنبه

donderdag
پنج شنبه

SA

SO

zondag
یک شنبه

gisteren

دیروز

vandaag

امروز

morgen

فردا

ochtend

صبح

middag

ظهر

avond

غروب

MO	TU	WE	TH	FR	SA	SU
1	2	3	4	5	6	7
8	9	10	11	12	13	14
15	16	17	18	19	20	21
22	23	24	25	26	27	28
29	30	31	1	2	3	4

werkdagen

روزهای کاری

MO	TU	WE	TH	FR	SA	SU
1	2	3	4	5	6	7
8	9	10	11	12	13	14
15	16	17	18	19	20	21
22	23	24	25	26	27	28
29	30	31	1	2	3	4

weekend

آخر هفته

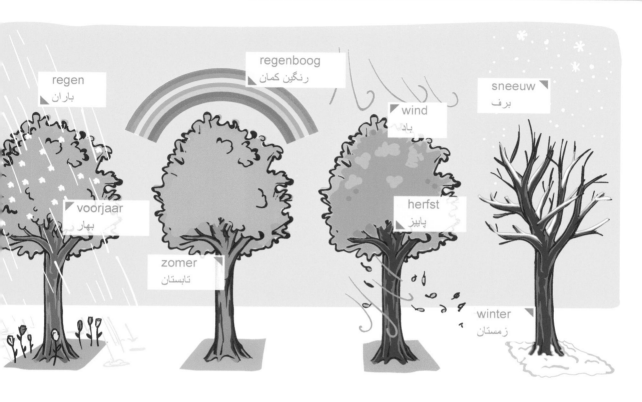

regen
باران
regenboog
رنگین کمان
wind
باد
sneeuw
برف
voorjaar
بهار
herfst
پاییز
zomer
تابستان
winter
زمستان

weerbericht

پیش‌بینی اوضاع جوی

F

thermometer

دماسنج

zonneschijn

تابش آفتاب

wolk

ابر

mist

مه

luchtvochtigheid

رطوبت هوا

bliksem

صاعقه

donder

آسمان غره

storm

طوفان

hagel

تگرگ

moesson

باد موسمی

overstroming

سیل

ijs

یخ

januari

ژانویه

februari

فوریه

maart

مارس

april

آوریل

mei

مه

juni

ژوئن

juli

ژوئیه

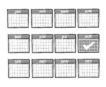

augustus

آگوست

september

سپتامبر

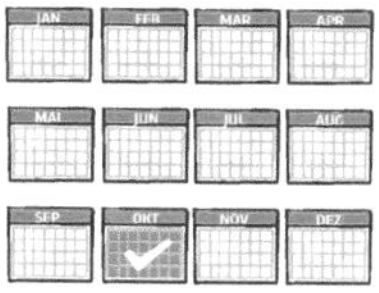

oktober

اکتبر

november

نوامبر

december

دسامبر

vormen

أشكال

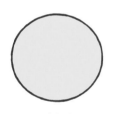

cirkel

دايره

vierkant

مربع

rechthoek

مستطيل

driehoek

سه گوش

bol

گره

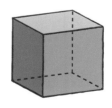

kubus

مكعب مربع

kleuren
رنگ ها

wit

سفید

geel

زرد

oranje

نارنجی

roze

صورتی

rood

قرمز

paars

بنفش

blauw

آبی

groen

سبز

bruin

قهوه ای

grijs

خاکستری

zwart

سیاه

veel / weinig

خیلی / کم

boos / rustig

خشمگین/ آرام

mooi / lelijk

زیبا / زشت

begin / einde

شروع / پایان

groot / klein

بزرگ / کوچک

licht / donker

روشن / تیره

broer / zus

برادر / خواهر

schoon / vies

تمیز / آلوده

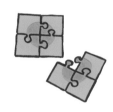

volledig / onvolledig

کامل / ناقص

dag/ nacht

روز / شب

dood / levend

مرده / زنده

breed / smal

پهن / باریک

eetbaar / oneetbaar

قابل خوردن / غیر قابل خوردن

gemeen / aardig

غضبناک / مهربان

opgewonden / verveeld

هیجان زده / بی حوصله

dik / dun

چاق / لاغر

eerste / laatste

اولین / آخرین

vriend / vijand

دوست / دشمن

vol / leeg

پر / خالی

hard / zacht

سفت / نرم

zwaar / licht

سنگین / سبک

honger / dorst

گرسنگی / تشنگی

ziek / gezond

مریض / سالم

illegaal / legaal

غیرقانونی / قانونی

intelligent / dom

باهوش / خنگ

links / rechts

چپ / راست

dichtbij / ver

نزدیک / دور

tegenstellingen - متضاد ها

nieuw / gebruikt

....

نو / استفاده شده

niets / iets

....

هیچ چیز / چیزی

oud / jong

....

پیر / جوان

aan / uit

....

روشن / خاموش

open / gesloten

....

باز / بسته

zacht / luid

....

آهسته / بلند

rijk / arm

....

ثروتمند / فقیر

goed / fout

....

درست / غلط

ruw / glad

....

زبر / صاف

verdrietig / gelukkig

....

غمگین / خوشحال

kort / lang

....

کوتاه / بلند

langzaam / snel

....

کند / تند

nat / droog

....

تر / خشک

warm / koel

....

گرم / خنک

oorlog / vrede

....

جنگ / صلح

0

nul

صفر

1

één

یک

2

twee

دو

3

drie

سه

4

vier

چهار

5

vijf

پنج

6

zes

شش

7

zeven

هفت

8

acht

هشت

9

negen

نه

10

tien

ده

11

elf

یازده

12
twaalf

دوازده

13
dertien

سیزده

14
veertien

چهارده

15
vijftien

پانزده

16
zestien

شانزده

17
zeventien

هفده

18
achttien

هجده

19
negentien

نوزده

20
twintig

بیست

100
honderd

صد

1.000
duizend

هزار

1.000.000
miljoen

میلیون

getallen - اعداد

talen
زبان ها

Engels
انگلیسی

Amerikaans Engels
انگلیسی آمریکایی

Chinees Mandarijn
چینی ماندارین

Hindi
هندی

Spaans
اسپانیایی

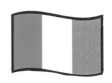

Frans
فرانسوی

Arabisch
عربی

Russisch
روسی

Portugees
پرتغالی

Bengalees
بنگالی

Duits
آلمانی

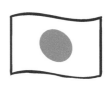

Japans
ژاپنی

wie / wat / hoe
چه کسی / چه چیزی / چگونه

ik

من

jij

تو

hij / zij / het

او

wij

ما

jullie

شما

zij

آنها

wie?

چه کسی؟ کی؟

wat?

چی؟

hoe?

چگونه؟

waar?

کجا؟

wanneer?

کی؟

naam

نام

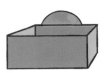

waar
کجا

achter

پشت

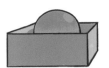

in

توی

voor

جلو

boven

بالای

op

روی

onder

زیر

naast

مجاور

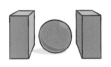

tussen

بین

plaats

مکان